Gary Chapman

Wie viele Sprachen spricht Dein Herz?

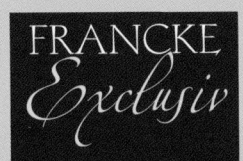

Gary Chapman

Wie viele Sprachen *spricht Dein Herz?*

Francke Exclusiv

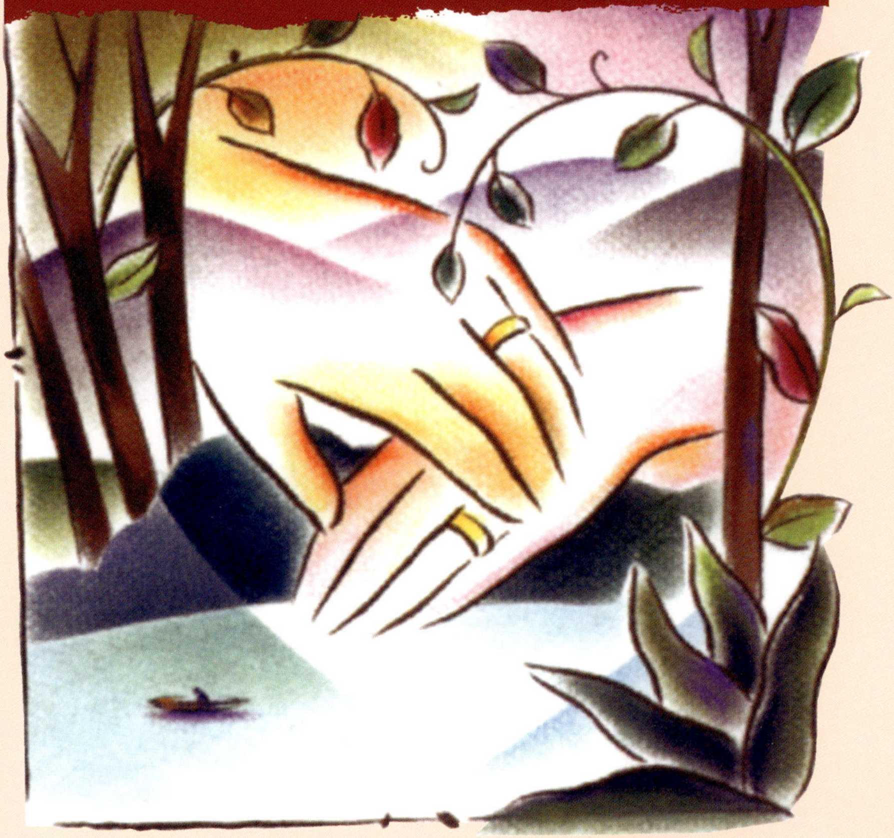

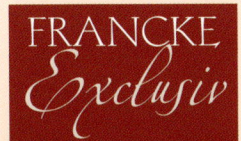

Inhalts

Ein Wort von Gary Chapman	8
1. Die Sprache der Liebe erlernen	12
2. Wahre Liebe	18
3. Lob und Anerkennung	22
4. Zweisamkeit – Zeit nur für dich	32
5. Geschenke, die von Herzen kommen	46
6. Bereitschaft, dem anderen zur Seite zu stehen	54

verzeichnis

7. Zärtlichkeit	60
8. Welche Liebessprache spreche ich	66
9. Zur Liebe entschlossen	74
10. Der Lohn der Liebe	80
11. Liebe in Aktion	84
12. Ein persönliches Wort von Gary Chapman	88
13. Gedankensplitter der Liebe	90

Ein Wort von Gary Chapman

Die tiefste Sehnsucht des Menschen ist es, von anderen Zuneigung und Liebe zu erfahren. Deshalb beeindruckt uns auch immer wieder eine der ganz schlichten biblischen Botschaften so sehr: Gott ist Liebe. Und der Mensch kommt dem Wesen Gottes dann am nächsten, wenn er selber liebt.

In der Ehe ist der Partner die Person, der wir zuallererst unsere Liebe schenken. Wenn wir uns geliebt fühlen, ist die Welt für uns in Ordnung, sie ist bunt und hell. Wird uns aber die Liebe vom Partner verweigert, dann sieht alles gleich dunkel, grau und trist aus. Der Schlüssel zu einer erfolgreichen Ehe ist also die Bereitschaft der Partner, einander mit Liebe zu beschenken. Bleibt die Liebe frisch und lebendig, wird auch die Ehe gedeihen. Doch sobald die Liebe schwach wird, welkt die Ehe wie eine Blume ohne Wasser.

Meine Erfahrungen in der Eheseelsorge haben mich zu der Erkenntnis gebracht, dass es fünf Grundsprachen der Liebe gibt, und jeder von uns spricht eine davon als eine Art „Muttersprache". Diese Muttersprache der Liebe vermittelt mir in besonderer Weise das Gefühl, angenommen und geliebt zu werden. Sobald mein Partner diese Sprache ausgiebig benutzt, füllt sich mein „Liebestank" schnell. Weigert sich aber mein Mann oder meine Frau, mich mit dieser Sprache anzusprechen, werde ich mich ungeliebt fühlen, obgleich der Partner möglicherweise eine andere, mir aber fremde Liebessprache spricht.

Werde ich mit *meiner* persönlichen Muttersprache der Liebe verwöhnt, dann sind alle anderen Liebessprachen die Verzierung auf dem Kuchen. Fehlt aber der Kuchen, werde ich vom Zuckerguss nicht satt. Viele Paare meinen es ganz ernst mit der Liebe. Sie bemühen sich redlich, einander ihre Zuneigung zu zeigen, aber es will ihnen nicht recht gelingen, einander davon zu überzeugen. Das ist so, als würde jemand versuchen, Ihnen auf Chinesisch seine Liebe zu erklären. Oft spricht der Partner nicht Ihre Muttersprache der Liebe. In solch einer Ehe gibt es immer nur den Zuckerguss, der Kuchen aber wird nicht gereicht.

Irgendwann beginnt die Frau zu grübeln: „Wenn er mich lieben würde, hätte er …" – „Wie kann er nur so gedankenlos sein?" – „Ich dachte, er liebt mich, aber ich spüre nichts davon." Und er denkt: „Ich gebe mir die größte Mühe, aber meine Liebe kommt bei ihr nicht an. Was habe ich nicht alles für sie getan! Die meisten Frauen wären glücklich, einen Mann wie mich zu haben. Ich verstehe sie nicht." Genau das ist das Problem: Wir verstehen einander nicht!

Dieses Buch will Sie mit den fünf Sprachen der Liebe bekannt machen und Ihnen zeigen, welche Muttersprache der Liebe Ihr Partner spricht. Danach wird es Ihnen viel besser gelingen, das Verlangen Ihres Mannes oder Ihrer Frau nach Liebe zu stillen. Sie werden lernen, das Geschenk Ihrer Liebe mit der Sprache zu übermitteln, die für Ihren Partner am verständlichsten ist. Unzählige Paare, die die Prinzipien dieses Buches beherzigt haben, berichten: „Die Erkenntnis von den fünf Sprachen der Liebe hat das emotionale Klima in unserer Ehe radikal zum Besseren verändert."

Warum haben offenbar nur so wenige Paare das Geheimnis entdeckt, wie man auch nach der Hochzeit die Liebe lebendig erhält? Wie kommt es, dass ein Paar ein Kommunikationstraining absolviert, dabei viele gute Ideen bekommt, wie das Gespräch in der Ehe funktionieren sollte, und dann zu Hause doch nichts damit anzufangen weiß? Wie kann es geschehen, dass wir einen Artikel lesen: „101 Wege, dem Partner seine Liebe zu zeigen", davon zwei oder drei Möglichkeiten aussuchen und dann doch kein Echo vom Partner erhalten? Die restlichen 98 Chancen probieren wir dann gar nicht erst aus, und so bleibt alles beim Alten.

Mit diesem Buch haben wir uns vorgenommen, all diese Fragen zu beantworten. Es ist ja nicht so, dass die vielen Bücher und Artikel, die zu diesem Thema verfasst worden sind, völlig nutzlos wären. Das Problem ist aber, dass wir so oft eine ganz wichtige Tatsache übersehen: Die Menschen sprechen alle ganz unterschiedliche Liebessprachen.

Wir müssen bereit sein, die Muttersprache der Liebe unseres Partners zu erlernen, wenn er erfahren soll, dass wir ihn lieben.

1. Die Sprache der

Die meisten Menschen lernen zunächst die Sprache ihrer Eltern und Geschwister. Das wird die so genannte Muttersprache. Später lernen wir möglicherweise noch weitere Sprachen, die Fremdsprachen. Das kostet uns meist aber schon sehr viel mehr Mühe. Am besten sprechen und verstehen wir immer unsere Muttersprache. Dabei fühlen wir uns am wohlsten.

Je häufiger wir uns aber einer Fremdsprache bedienen, desto mehr fühlen wir uns darin zu Hause. Wenn wir nur unsere Muttersprache sprechen und jemand begegnen, der seinerseits auch nur die eigene Muttersprache beherrscht, dann wird es uns schwer fallen, ins Gespräch zu kommen. Es bleibt uns nichts weiter übrig, als uns mit Zeichen, Gesten und Lauten verständlich zu machen. Das ist zwar auch Kommunikation, aber sie ist doch sehr mühsam.

Die Sprachunterschiede sind ein typisches Merkmal unserer menschlichen Zivilisation. Wenn wir über die Kulturgrenzen hinweg wirklich ins Gespräch kommen wollen, dann müssen wir die Sprache derer lernen, mit denen wir in Kontakt treten wollen.

Liebe erlernen

Die Liebe muss sich keineswegs gleich nach der Hochzeit verflüchtigen. Um sie aber zu erhalten, müssen die meisten von uns sich die Mühe machen, eine Fremdsprache der Liebe zu erlernen.

Eheleute sprechen selten von Hause aus dieselbe Muttersprache der Liebe. Im Normalfall reden wir in der uns vertrauten Sprache und sind ganz verblüfft, wenn unser Partner gar nicht versteht, was wir vermitteln wollen. Wir fassen die Liebe in unsere eigenen Worte, aber die Botschaft kommt gar nicht an, weil wir eine unverständliche Sprache sprechen. Wenn wir wollen, dass er die Liebe, die wir zu vermitteln suchen, auch spürt, müssen wir sie in seiner Muttersprache zum Ausdruck bringen.

Zur Existenzgrundlage des Menschen gehört das Verlangen, jemandem vertrauen zu können und geliebt zu werden.

Zum Kern aller Bedürfnisse in der Ehe gehört das Gefühl, vom Partner geliebt zu werden. Ein Mann sagte neulich zu mir: „Was nutzt einem das Haus, das Auto, das Ferienhaus am Strand und vieles mehr, wenn man von der eigenen Frau nicht geliebt wird?" Begreifen Sie, was er damit sagen wollte? „Wichtiger als alles andere ist mir, von meiner Frau geliebt zu werden." Materielle Dinge sind kein Ersatz für die Liebe.

Eine Frau sagt: „Er übersieht mich den ganzen Tag lang, und dann will er mit mir ins Bett. Ich hasse das." Sie ist nicht eine Frau, die die körperliche Liebe ablehnt. Sie ist eine Frau, die verzweifelt darum ringt, von Herzen geliebt zu werden. Etwas in unserem Wesen schreit nach der Liebe. Die Ehe ist dazu da, dieses Bedürfnis nach Nähe und Liebe zu stillen.

& Liebe

2. Wahre Liebe

Seien Sie willkommen in der realen Ehewelt, wo die Haare immer im Waschbecken kleben und der Spiegel mit weißen Pünktchen übersät ist, wo man sich darüber auseinandersetzt, ob die Toilettenpapierrolle so oder andersherum aufgehängt wird oder der Deckel vom WC offen oder geschlossen sein soll.

Es ist eine Welt, in der die Schuhe nicht von allein in den Schrank wandern und Schubladen sich nicht selber schließen, in der die Mäntel die Bügel nicht mögen und die Socken sich bei der Wäsche verkrümeln. In dieser Welt kann ein Blick töten und ein Wort zunichte machen. Liebhaber können zu Feinden werden und die Ehe ein Schlachtfeld sein.

Unser fundamentalstes seelisches Bedürfnis ist nicht das Verliebtsein, sondern das Gefühl, von jemand anders wirklich geliebt zu werden. Wir wünschen uns, eine Liebe zu erfahren, die der Vernunft entspringt und ein Produkt freier Willensentscheidung ist. Die triebhafte Liebe ist kein Urbedürfnis der Seele.

Ich wünsche mir jedoch, von jemand geliebt zu werden, der dies freiwillig tut und in mir etwas Liebenswertes erblickt. Diese Liebe erfordert Einsatz und Disziplin. Wir müssen uns entscheiden, unsere Kräfte dafür einzusetzen, dem andern Gutes zu tun. Wenn sein Leben durch unsere Anstrengung bereichert wird, so bedeutet dies Befriedigung für uns. Es ist die tiefe Befriedigung, die daraus erwächst, dass wir einen anderen Menschen wirklich geliebt haben.

Die Liebe aus Verstand und Willen ist genau die Art Liebe, die die Weisen dieser Welt uns schon immer ans Herz gelegt haben.

Derjenige, der sich so entschieden hat, wird dann auch Wege finden, diesen Entschluss in die Tat umzusetzen. „Das hört sich so kühl und nüchtern an", mag manch einer nun einwenden. „Sollte Liebe wirklich nur eine Einstellung mit dem passenden Verhalten sein? Wo bleibt die Romantik und der Gefühlsüberschwang? Was wird aus der Erregung vor jeder Begegnung, aus dem Funkeln der Augen, den elektrisierenden Küssen und dem Hochgefühl sexueller Begegnungen? Gibt es dann noch die innere Sicherheit, an erster Stelle im Denken und Fühlen des andern zu stehen?"

Wie können wir einander das tief verwurzelte Verlangen nach Liebe stillen? Wenn wir das lernen und uns immer wieder dafür entscheiden, dann wird unsere Liebe erregender sein als alles, was wir als schwärmende Verliebte empfunden haben.

3. Lob & Anerkenn

Das Ziel der Liebe ist nicht, die eigenen Wünsche erfüllt zu bekommen, sondern zum Wohlergehen des geliebten Menschen beizutragen. Tatsache ist aber auch, dass wir durch jedes Lob motiviert werden, uns dem andern erkenntlich zu zeigen.

Lob ist nur eine Art, dem Ehepartner Anerkennung auszusprechen. Ein anderer Dialekt ist die Ermutigung. Ermutigen heißt, jemandem Mut zu machen. Wir alle kennen Lebensbereiche, in denen wir uns unsicher fühlen.

Uns fehlt der Mut, und dieser Mangel hindert uns oft daran, das zu erreichen, was wir uns vorgenommen haben. Das, was bei unserem Partner durch Ängste und Unsicherheit schlummert, wartet vielleicht nur darauf, von uns durch ermunternde Worte geweckt zu werden.

Mark Twain hat einmal gesagt: „Ich kann zwei Monate von einem netten Kompliment leben." Wenn wir Mark Twain beim Wort nehmen, so hätten sechs Komplimente im Jahr ausgereicht, um seinen Liebestank immer ausreichend gefüllt zu halten. Ihr Ehepartner braucht möglicherweise aber mehr.

Vielleicht hat auch Ihr Ehepartner ungeahnte Fähigkeiten. Dieses Potential wartet vielleicht auch nur auf ein ermutigendes Wort von Ihnen. Beachten Sie bitte, dass es mir um eines keineswegs geht: Sie sollten Ihren Partner nicht unter Druck setzen, etwas zu tun, was Ihnen gerade behagt. Ich spreche vielmehr davon, wie man ein bereits bestehendes Interesse weckt. So gibt es Männer, die setzen ihre Frauen unter Druck, weil sie unbedingt abnehmen sollen. Der Mann sagt dann: „Ich ermutige sie doch immer", aber die Frau empfindet es als vernichtendes Urteil. Nur wenn derjenige wirklich abnehmen will, kann man ihn ermuntern. Solange der Wunsch nicht besteht, werden Ihre Worte immer als Gardinenpredigt verstanden werden. So etwas ermuntert kaum. Es wird als Urteil empfunden, das nur Schuldgefühle wecken soll. Dadurch kommt nicht Liebe, sondern innere Ablehnung zum Ausdruck.

Wenn Ihr Partner allerdings verkündet: „Ich möchte eigentlich diesen Herbst an einem Schlankheitskurs teilnehmen", dann haben Sie Gelegenheit, sich ermutigend zu äußern. Das würde sich dann vielleicht folgendermaßen anhören: „Wenn du dir das vornimmst, kann ich dir schon voraussagen, dass es klappen wird. Das finde ich an dir so gut: Was du dir vornimmst, das führst du auch zu Ende. Wenn du den Kurs machen willst, werde ich alles tun, um dich zu unterstützen. Mach dir um die Kosten keine Gedanken. Wenn du wirklich teilnehmen willst, dann werden wir auch das Geld dafür zusammenbekommen." Diese Worte machen Ihrem Partner Mut, schließlich doch noch beim Fitness-Center anzurufen.

Ermutigung

Ermutigen kann nur, wer mitfühlt und die Welt mit den Augen des Partners sieht. Zuerst müssen wir in Erfahrung bringen, was unserm Partner wichtig ist. Nur dann können wir dem andern wirklich Mut zusprechen. Wenn wir das tun, versuchen wir folgende Botschaft zu vermitteln: „Du bist mir wichtig. Ich bin an deiner Seite. Wie kann ich helfen?" Wir versuchen deutlich zu machen, dass wir an den andern glauben, dass wir seine Fähigkeiten sehen. Und so loben wir ihn.

Die meisten von uns haben mehr Potential, als sie je entfalten können. Uns fehlt ganz einfach oft nur der Mut. Ein liebevoller Partner kann hier der entscheidende Katalysator sein. Vielleicht fällt es Ihnen schwer, jemanden zu loben. Es ist möglicherweise nicht Ihre Muttersprache der Liebe. Und so kann es sein, dass Sie große Mühe haben, diese Fremdsprache zu erlernen. Das wird besonders dann so sein, wenn Ihnen von der Anlage her Kritik besonders leicht von den Lippen geht. Ich kann Ihnen aber versichern, dass sich die Mühe lohnt.

Die Liebe führt nicht Buch über die Missetaten des andern. Sie wärmt keine alten Geschichten wieder auf. Niemand ist schließlich perfekt. Wir geben in der Ehe längst nicht immer unser Bestes. So manches Mal haben wir unseren Ehepartner gekränkt. Wir können das Vergangene zwar nicht ungeschehen machen, aber wir

können um Verzeihung bitten und eingestehen, dass es verkehrt war. Versuchen wir, es in Zukunft besser zu machen. Wer seine Fehler bekannt und um Vergebung gebeten hat, hat alles, was in seiner Macht steht, getan, um den Schmerz des andern zu lindern. Wenn mir selber Unrecht getan worden ist, und der andere bittet mich um Vergebung, kann ich mich zwischen Gerechtigkeit und Vergebung entscheiden. Entscheide ich mich für Gerechtigkeit und zahle es dem andern heim, dann schwinge ich mich zum Richter auf und stemple den Partner zum Verbrecher. Dadurch aber geht jede zwischenmenschliche Nähe verloren. Entscheide ich mich jedoch dafür, zu verzeihen, kann die Nähe wieder hergestellt werden. Vergebung ist eine Ausdrucksform der Liebe.

Das Ziel der Liebe ist nicht, die eigenen Wünsche erfüllt zu bekommen, sondern zum Wohlergehen des geliebten Menschen beizutragen. Tatsache ist aber auch, dass wir durch jedes Lob motiviert werden, uns dem andern erkenntlich zu zeigen.

Wir können Vergangenes zwar nicht ungeschehen machen, aber wir können es als Teil unserer Lebensgeschichte akzeptieren. Wir können uns dazu entscheiden, heute befreit von den Fehlern der Vergangenheit zu leben. Vergebung ist kein Gefühl, sie ist eine bewusste Entscheidung. Es ist die Entscheidung, barmherzig zu sein und aufzuhören, dem Missetäter seine Missetat vorzuhalten. Vergebung ist eine Ausdrucksform der Liebe. „Ich liebe dich. Du bist mir wichtig. Ich entscheide mich, dir zu vergeben. Auch wenn das Gefühl, verletzt worden zu sein, nicht gleich weichen will, werde ich nicht zulassen, dass das Geschehene sich zwischen uns stellen kann. Ich hoffe, dass wir aus dieser Erfahrung lernen. Du bist kein Versager, weil du versagt hast. Du bist mein Partner, und gemeinsam werden wir unsern Weg fortsetzen."

Wenn wir wirklich Nähe in unserer Beziehung herstellen wollen, müssen wir die Bedürfnisse des anderen kennen lernen. Wenn wir einander lieben wollen, müssen wir wissen, was der andere sich wünscht.

Die Liebe bittet, aber sie stellt keine Forderungen. In der Ehe sind wir gleichberechtigte, erwachsene Partner. Wenn wir wirklich Nähe in unserer Beziehung herstellen wollen, müssen wir die Bedürfnisse des andern kennen lernen. Wenn wir einander lieben wollen, müssen wir wissen, was der andere sich wünscht.

Es ist aber ganz wichtig, wie wir diese Wünsche formulieren. Wenn sie als Forderungen ausgesprochen werden, berauben wir uns der Möglichkeit, persönliche Nähe herzustellen, und wir vertreiben unseren Partner. Tragen wir aber unsere Wünsche und Bedürfnisse als Bitte vor, so laden wir zum Dialog ein, statt ihn durch ein Ultimatum zu ersticken.

Wenn Sie an Ihren Ehepartner eine Bitte richten, geben Sie ihm das Gefühl, etwas wert zu sein und etwas entscheiden zu können. Liebe bedeutet immer Entscheidungsfreiheit. Dadurch bekommt sie erst ihren Sinn. Wenn der Partner mich so liebt, dass er sich für die Erfüllung meiner Bitte entscheidet, so sagt mir das etwas: Er ist an mir interessiert, er respektiert und bewundert mich und möchte etwas tun, was mir Freude macht.

4. Zweisamkeit

Ist Ihnen schon einmal aufgefallen, dass man im Restaurant fast immer sagen kann, ob es sich um ein verliebtes Pärchen oder um ein Ehepaar handelt? Verliebte Paare schauen sich an und reden miteinander, während die Ehepaare stumm dasitzen und in der Gegend herumschauen. Sie sind offenbar nur hier, um eine Mahlzeit einzunehmen.

Wenn ich mit meiner Frau in der Sitzecke Platz genommen habe und wir uns zwanzig Minuten ungeteilte Aufmerksamkeit schenken, dann schenken wir uns zwanzig Minuten unseres Lebens. Diese zwanzig Minuten werden wir niemals wiederbekommen. Wir verschenken etwas von unserem Leben, aber damit wird auch sehr viel Liebe vermittelt.

Wichtig an der Zeit, die man bewusst mit dem andern verbringt, ist die Zuwendung. Allein auf die räumliche Nähe kommt es nicht an. Zweisamkeit ist ungeteilte Aufmerksamkeit.

Zeit nur für dich

So manches Ehepaar glaubt, dass es viel Zeit miteinander verbringt, in Wirklichkeit besteht aber nur die räumliche Nähe. Die Partner sind zwar gleichzeitig im selben Haus, aber sie erleben nichts wirklich gemeinsam. Ein Mann, der während der Sportsendung mit seiner Frau redet, widmet ihr nicht seine Zeit, denn sie hat nicht seine volle Aufmerksamkeit.

Zweisamkeit bedeutet nicht, dass wir unsere Zeit damit verbringen, einander schweigend in die Augen zu schauen. Zweisamkeit herrscht, wenn wir gemeinsam etwas tun und uns dabei unsere ungeteilte Aufmerksamkeit schenken. Wenn zwei Menschen dasselbe tun, ist der für die Seele wichtige Aspekt dabei, dass sie ganz bewusst Zeit miteinander verbringen. Die Aktivität selbst ist nur ein Mittel zum Zweck. Sie vermittelt das Gefühl der Zweisamkeit. Auch wenn wir die Zeit mit ganz gewöhnlichen Aktivitäten gemeinsam verbringen, so sagt dies doch, dass es uns Freude macht, mit dem andern zusammen zu sein und Dinge gemeinsam zu tun.

Eine Beziehung verlangt, dass wir aufmerksam zuhören. Unser Anliegen muss es dabei sein, die Gedanken, Gefühle und Sehnsüchte des andern zu verstehen. Nur wenige von uns haben es wirklich gelernt, zuzuhören. Denken und reden, das können wir. Das Zuhören lernen mag genauso schwer fallen wie das Erlernen einer Fremdsprache. Aber es bleibt uns nichts anderes übrig, wenn wir unsere Liebe richtig zum Ausdruck bringen wollen.

Zum echten Zwiegespräch gehört aber nicht nur, dass wir wohlwollend zuhören, sondern auch, dass wir uns offenbaren. Wenn eine Frau sagt: „Ich wünschte, mein Mann würde reden. Ich weiß oft nicht, was er denkt und fühlt", dann ist dies Ausdruck für die Sehnsucht nach Nähe und Vertrautheit. Sie möchte ihrem Mann nahe sein. Aber wie kann sie jemand nahe sein, den sie nicht kennt? Damit sie sich geliebt fühlen kann, muss er es lernen, sich zu offenbaren. Wenn ihre Muttersprache der Liebe die Zweisamkeit und ihr „Dialekt" das Zwiegespräch ist, dann wird ihr Liebestank niemals gefüllt sein, solange der andere nicht über seine Gedanken und Gefühle spricht.

Viele von uns haben es gelernt, Probleme zu erkennen und Lösungen zu finden. Wir vergessen allerdings oft, dass die Ehe keine zu erfüllende Aufgabe und kein zu lösendes Problem ist, sondern eine lebendige Beziehung.

Es fällt nicht jedem von uns leicht, sich für den anderen zu öffnen. Viele Menschen sind in Familien aufgewachsen, in denen das offene Gespräch über Gedanken und Gefühle verpönt war und deshalb auch nicht gefördert wurde. Viele von uns haben als Erwachsene gelernt, ihre Gefühle zu verleugnen. Und damit haben wir den Kontakt zur Empfindungswelt unserer Seele verloren.

Eine Frau fragt ihren Mann: „Wie hast du empfunden, was Tim dir angetan hat?" Und ihr Mann antwortet: „Er hat einen Fehler gemacht. Er hätte lieber . . ." Hat dieser Mann etwas über seine Empfindungen gesagt? Keineswegs. Er sprach nur aus, was der Verstand ihm gebot. Auch wenn er zu Recht wütend, gekränkt und enttäuscht sein könnte, so hat dieser Mann schon so lange in einer Welt nüchterner Bewertungen gelebt, dass er Gefühle nicht aufkommen lässt. Wenn er sich entscheiden würde, die Sprache des vertiefenden Zwiegesprächs zu lernen, so wäre dies zunächst für ihn eine völlig unbekannte Erfahrung. Er müsste erst einmal Kontakt zu seinen Gefühlen aufnehmen. Er würde sich bewusst werden, dass er ein durch und durch emotionales Geschöpf ist, obgleich er diesen Aspekt seines Lebens bislang erfolgreich verleugnen konnte.

Die Fähigkeit, sich verbal zu äußern, ist ein Persönlichkeitsmerkmal. Und ich habe festgestellt, dass es in diesem Zusammenhang zwei Grundtypen der Persönlichkeit gibt. Da sind einmal die Menschen, die ich als „Totes Meer" bezeichnen würde. Dieser Persönlichkeitstyp macht den ganzen Tag über Erfahrungen und nimmt die verschiedensten Eindrücke auf. Er besitzt ein riesiges Reservoir, in dem all diese Informationen gespeichert werden. Dabei sind diese Menschen vollauf zufrieden, wenn sie nicht reden müssen. Wenn Sie solch ein „Totes Meer" fragen: „Was ist los? Warum redest du denn nicht?", so antwortet er wahrscheinlich: „Nichts ist los. Wie kommst du darauf?" Und diese Antwort ist auch noch ganz ehrlich gemeint. Es ist nichts los, solange er nicht reden muss.

Eine Möglichkeit, neue Verhaltensweisen zu lernen, besteht darin, eine tägliche Zeit für den Gedankenaustausch zu vereinbaren, in der man über drei Erlebnisse des Tages und die damit verbundenen Gefühle spricht.

Das andere Extrem ist der „plätschernde Bach". Bei diesen Menschen ist es so, dass alle Eindrücke auf kürzestem Weg von Auge und Ohr wieder zum Mund herauskommen. Dazwischen vergeht zuweilen nicht einmal eine Minute. Sie sehen etwas, sie hören etwas, und schon sagen sie etwas dazu. Wenn sie allein zu Hause sind, greifen sie prompt zum Hörer, um über jeden neuen Eindruck zu reden.

Wenn Sie als „Totes Meer" sich mit einem „plätschernden Bach" verabreden, werden Sie einen schönen Abend miteinander verbringen. Sie werden sich nicht die Sorge machen müssen, ob Sie das Gespräch am Abend in Gang bringen und ob Sie überhaupt genug Gesprächsstoff finden. Im Grunde brauchen Sie den ganzen Abend über nicht zu denken. Nicken Sie einfach immer nur mit dem Kopf. Ab und zu ein beifälliges „Hm, hm", dann wird der andere schon den Abend gestalten. Sind Sie dagegen ein „plätschernder Bach" und verabreden sich mit einem „Toten Meer", dann werden Sie einen nicht minder schönen Abend verbringen, denn diese „Toten Meere" sind die besten Zuhörer der Welt. Sie können drei Stunden lang „plätschern", und der andere hört Ihnen aufmerksam zu. Sie sind zwar im Augenblick anziehend füreinander. Doch nach fünf Jahren Ehe wacht der „plätschernde Bach" eines Morgens auf und sagt: „Wir sind jetzt fünf Jahre verheiratet, aber ich kenne meinen Mann überhaupt nicht." Und der Schweigsame wird sagen: „Ich kenne meine Frau in- und auswendig. Wenn sie doch einmal eine Pause machen und mir Zeit zum Atemholen geben würde." Die gute Nachricht ist aber, dass „Tote Meere" das Reden lernen können, und „plätschernde Bäche" lernen es, zuzuhören.

Ein weiterer „Dialekt" der Liebessprache „Zweisamkeit" sind gemeinsame Unternehmungen. Als wichtig wird dabei empfunden, dass man Zeit miteinander verbringt, Dinge gemeinsam tut und dem anderen die ungeteilte Aufmerksamkeit schenkt.

Man kann im Grunde sehr viel gemeinsam tun. Es muss nur beiden Spaß machen. Entscheidend ist nicht, was man tut, sondern allein, warum man es tut. Es kommt darauf an, etwas gemeinsam zu erleben und dabei das Gefühl zu haben: Der Partner ist an mir interessiert. Er ist bereit, etwas mit mir gemeinsam zu unternehmen, was mir Spaß macht. Und er macht es gern. Das ist Liebe, und für manche Menschen sogar deren unmissverständlichste Bekundung.

Grenzen setzt nur das gemeinsame Interesse und die Bereitschaft, sich auf Neues einzulassen. Die wichtigsten Voraussetzungen für gute gemeinsame Unternehmungen sind:

a) der Wunsch von mindestens einem der Partner,

b) die Bereitschaft des andern zum Mitmachen und

c) das Wissen beider, zu welchem Zweck etwas unternommen wird — als Liebesbeweis für beide.

Ein Nebenprodukt dieser gemeinsamen Unternehmungen ist das Guthaben an schönen Erinnerungen, auf das man später immer zurückgreifen kann. Glücklich das Paar, das sich an gemeinsame Strandspaziergänge am frühen Morgen erinnern kann, an das Frühjahr, als sie den Blumengarten angelegt haben, und an den einzigen gemeinsamen Skiurlaub, bei dem er sich auch noch das Bein brach. Es kann so viele schöne Erinnerungen geben: der Spaß im Freizeitpark, bestimmte Konzerte, der Besuch einer Kathedrale, und nicht zu vergessen das erhabene Gefühl, nach stundenlangem Marsch an einem Wasserfall zu stehen. Sie spüren noch heute die Dunstschwaden, wenn sie sich erinnern. Das sind Erinnerungen, die die Liebe wach halten, besonders für jene Menschen, deren Muttersprache der Liebe die Zweisamkeit ist.

5. Geschenke, die von

Ein Geschenk kann man in die Hand nehmen, und man kann sagen: „Wie schön, er hat an mich gedacht." Oder: „Sie hat mich doch nicht vergessen." Wenn ich jemanden beschenke, dann beschäftige ich mich gedanklich mit ihm. Und das Geschenk ist ein Symbol für dieses Gedenken. Es spielt dabei überhaupt keine Rolle, ob es Geld gekostet hat. Entscheidend ist nur, dass da jemand an mich gedacht hat.

Die Mütter erinnern sich meistens noch sehr gut an die Zeit, als die Kleinen aus dem Garten kamen und die abgepflückte Blume zum Geschenk überreichten. Die Mütter fühlten sich in diesem Augenblick geliebt, auch wenn man die Blume lieber im Beet hätte lassen sollen. Schon sehr früh haben Kinder das Bedürfnis, ihren Eltern Geschenke zu machen. Und das ist ein Hinweis darauf, dass Schenken offenbar ein ganz wichtiger Grundstein der Liebe ist.

Herzen kommen

Geschenke sind sichtbare Zeichen der Liebe. Zur Hochzeitszeremonie gehört meist, dass man sich gegenseitig Ringe aufsteckt. Und derjenige, der die Trauung vornimmt, wird beispielsweise dazu sagen: „Diese Ringe sind äußerliche und sichtbare Zeichen eines inwendigen, geistlichen Bandes, das die zwei Herzen auf ewig verbindet." Das ist keine billige Rhetorik, sondern spricht einen fundamentalen Sachverhalt an. Symbole haben einen emotionalen Wert.

Geschenke kann man kaufen, irgendwo finden oder selber machen. Der Mann, der anhält und am Straßenrand einen Feldblumenstrauß pflückt, hat eine Möglichkeit gefunden, seiner Liebe Ausdruck zu verleihen (natürlich nur dann, wenn seine Frau nicht allergisch auf Feldblumen reagiert). Eine kleine Grußkarte kann man für wenig Geld erwerben. Aber man kann sie auch selber machen. Ein Stück festes Papier wird man immer irgendwo auftreiben können. Man faltet es einmal, schneidet ein Herz aus und schreibt darauf: „Ich liebe dich!" Geschenke müssen nicht teuer sein.

Was soll aber derjenige tun, der sagt: „Mir fällt das Schenken schwer. Bei uns zu Hause hat man nicht viele Geschenke gemacht. Ich habe es nie gelernt, Geschenke auszusuchen, und deshalb fällt mir selten etwas spontan ein"? Gratulation! Sie haben gerade eine wichtige Erkenntnis gewonnen, durch die Sie eines Tages zum perfekten Liebhaber werden können. Sie und Ihr Ehepartner sprechen verschiedene Sprachen der Liebe. Nun, da Sie diese Erkenntnis gewonnen haben, sollten Sie sich an die Arbeit machen und eine neue „Fremdsprache" lernen. Wenn die Muttersprache der Liebe Ihres Partners das Schenken und Beschenktwerden ist, dann können auch Sie ein Experte darin werden. Es ist immerhin die am leichtesten zu erlernende Liebessprache.

Wenn die Muttersprache der Liebe Ihres Partners das Schenken ist, dann können Sie es lernen, mit viel Phantasie immer das Richtige zu finden. Diese Sprache der Liebe ist besonders leicht zu erlernen.

Wenn Sie feststellen, dass Ihr Partner das Schenken als Muttersprache der Liebe spricht, dann sollten Sie begreifen, dass alles, was Sie für Geschenke ausgeben, die allerbeste Investition ist. Sie investieren in Ihre Beziehung, und Sie füllen den Liebestank dessen, den Sie lieben. Mit

einem Vorrat an Liebe ausgestattet, wird er Ihnen etwas zurückerstatten können, und zwar in einer Liebessprache, die auch Sie verstehen. Wenn die emotionalen Bedürfnisse beider Partner gestillt werden, wird ihre Ehe in eine ganz neue Dimension vordringen können. Hängen Sie nicht an Ihren Ersparnissen. Da Sie ein sparsamer Mensch sind, werden Sie ohnehin nie ganz mittellos dastehen. Und mit der Investition in die Liebe zu Ihrem Partner erwerben Sie obendrein nur Vorzugsaktien.

Sie können Ihrem Partner, der die Liebessprache des Schenkens spricht, kein größeres Geschenk machen, als in Krisenzeiten für ihn da zu sein.

Wenn Ihnen die persönliche Gegenwart des Ehepartners wichtig ist, dann sollten Sie ihm das auf jeden Fall sagen. Verlangen Sie nicht, dass er Ihre Gedanken liest. Wenn umgekehrt der Partner zu Ihnen sagt: „Ich möchte, dass du bei mir bleibst", dann nehmen Sie diese Bitte ernst. Aus Ihrer Sicht mag es unwichtig erscheinen. Doch wenn Sie auf diese

Bitte nicht eingehen, vermitteln Sie vielleicht eine Botschaft, die Sie gar nicht vermitteln wollten.

Ein Mann erzählte: „Als meine Mutter starb, sagte der Vorgesetzte meiner Frau, sie könne für die Beerdigung zwei Stunden frei nehmen, aber am Nachmittag müsse sie wieder im Büro sein. Meine Frau erwiderte darauf, dass ihr Mann an diesem Tag ihre Unterstützung brauche, und sie müsse deshalb den ganzen Tag fort bleiben. Der Vorgesetzte drohte darauf: ‚Wenn Sie den ganzen Tag nicht im Büro erscheinen, verlieren Sie vielleicht Ihren Job.' Darauf sagte meine Frau: ‚Mein Mann ist mir wichtiger als meine Arbeit.' Und sie war den ganzen Tag bei mir. An jenem Tag fühlte ich mich von ihr so geliebt wie niemals zuvor. Das habe ich ihr niemals vergessen."

6. Bereitschaft, dem an

Ich nenne diese vierte Muttersprache der Liebe kurz „Hilfsbereitschaft", weil es um all die Gefälligkeiten und Dienstleistungen geht, die man aus Liebe für den andern tut. Man ist dazu bereit, weil der Ehepartner es sich wünscht. Man möchte dem andern eine Freude machen, indem man ihm einen Dienst erweist. Und das ist ein Ausdruck von Liebe.

All diese Tätigkeiten wie Kochen, den Tisch decken, Abwaschen, Saugen, Haare aus dem Waschbecken sammeln, die weißen Spritzer vom Badezimmerspiegel wegreiben, Fliegen von der Windschutzscheibe entfernen, den Mülleimer leeren, Windeln wechseln, das Schlafzimmer renovieren, die Bücher entstauben, das Auto fahrbereit halten, das Auto waschen, die Garage ausfegen, den Rasen mähen, die Sträucher beschneiden, das Laub zusammenharken, die Jalousetten entstauben, den Hund Gassi führen, die Katzentoilette frisch machen und das Aquarium reinigen – all das sind Dienstleistungen aus Hilfsbereitschaft. Sie erfordern zwar Planung, Zeit, Mühe und Kraft, doch in einem positiven Geist erledigt, sind sie Ausdrucksformen der Liebe.

deren zur Seite zu stehen

Liebe kann nur aus freien Stücken verschenkt werden; man kann sie nicht erzwingen. Kritische Äußerungen und Forderungen sorgen dafür, dass zwischen zwei Menschen ein Keil getrieben wird. Wenn Sie hartnäckig genug den andern kritisieren, gibt er vielleicht irgendwann nach. Er tut dann, was Sie wollen, aber Liebe wird dadurch nicht erfahrbar. Sie können zwar der Liebe Wege weisen, indem Sie bitten: „Es wäre schön, wenn du das Auto wäschst, die Windeln wechselst und den Rasen mähst", aber die Bereitschaft zur Liebe können Sie nicht bewirken. Jeder von uns muss jeden Tag neu entscheiden, ob er seinen Ehepartner lieben will oder nicht. Entscheiden wir uns aber aus freiem Willen zur Liebe, wird diese sich nur dann voll entfalten können, wenn wir sie der Bitte des Partners entsprechend zum Ausdruck bringen.

Das, was mein Ehepartner an mir kritisiert, ist der deutlichste Hinweis darauf, welche Muttersprache der Liebe er spricht. Die Menschen neigen dazu, ihren Partner dort am heftigsten zu kritisieren, wo für sie emotional der größte Mangel herrscht. Allerdings ist Kritik eine völlig ungeeignete Methode, um Liebe zu erbitten. Wenn wir das verstehen, können wir die vorgebrachte Kritik sogar positiv auswerten. Eine Frau könnte zu ihrem Mann sagen, der sie gerade heftig kritisiert hat: „Das muss sehr wichtig für dich sein. Erkläre mir doch, worauf es dir ankommt." Kritik bedarf oft der Erläuterung. Wenn man in dieser Situation ein Gespräch in Gang bringt, passiert es oft, dass aus der Kritik eine Bitte wird und keine Forderung.

Bevor es das Fernsehen gab, wurden die Vorstellungen davon, wie Mann und Frau sich zu verhalten haben, in erster Linie vom Vorbild der Eltern bestimmt. Mit dem Vordringen des Fernsehens in die Gesellschaft und der zunehmenden Zahl allein erziehender Eltern werden die Vorbilder immer öfter auch außerhalb des eigenen Familienkreises gesucht und gefunden. Deshalb wird auch Ihr Ehepartner mit großer Wahrscheinlichkeit ein anderes Bild von der Rolle des Mannes oder der Frau haben. Um Ihre Liebe wirklich verstehbar zu machen, müssen Sie bereit sein, Klischees und Vorurteile in Frage zu stellen. Denken Sie immer daran, dass es zu nichts führt, wenn man an stereotypen Vorstellungen krampfhaft festhält. Dafür ist der Lohn beträchtlich, wenn Sie den Bedürfnissen Ihres Partners entgegenkommen.

7. Zärtlichkeit

Es ist eine altbekannte Tatsache, dass Zärtlichkeiten ein Ausdrucksmittel der Liebe sind. Zahlreiche Forschungsprogramme, die sich mit der Entwicklungspsychologie des Kindes befasst haben, sind zu folgender Erkenntnis gelangt: Kleinkinder, die in den Arm genommen, geherzt und geküsst werden, entwickeln sich seelisch gesünder als Kinder, die über längere Zeit ohne Körperkontakte auskommen müssen.

Zärtlichkeiten sind ein ausgezeichnetes Medium für die Liebe zwischen Mann und Frau in der Ehe. Das Berühren der Hände, das Küssen und Umarmen und der Geschlechtsverkehr sind Ausdrucksmittel für die Liebe zum Partner. Für manche Menschen sind Zärtlichkeiten die Muttersprache der Liebe. Ohne sie fühlen sie sich ungeliebt. Werden sie aber ausgiebig zärtlich berührt, dann füllt sich ihr Liebestank, und sie sind sich der Liebe ihres Partners gewiss.

Für denjenigen, dessen persönliche Liebessprache die Zärtlichkeiten sind, sendet eine Berührung eine deutlichere Botschaft als jedes verbale „Ich liebe dich". In der Ehe können Zärtlichkeiten ganz unterschiedlicher Natur sein. Da unsere Tastrezeptoren über den ganzen Körper verteilt sind, kann eine liebevolle Berührung fast überall als Ausdruck von Zuneigung empfunden werden. Das heißt natürlich nicht, dass jede Art der Berührung gleich empfunden wird. Einige Berührungen werden als angenehmer empfunden, andere als weniger angenehm. Der beste Ratgeber ist dabei immer noch der eigene Ehepartner.

Es gibt aber genauso auch die Zärtlichkeiten „im Vorübergehen", wenn wir die Hand auf die Schulter des Partners legen, während wir den Kaffee eingießen oder uns in der Küche nur „zufällig" streifen. Die bewussten Zärtlichkeiten brauchen Zeit, weil wir erst verstehen lernen müssen, wie wir auf diese Weise unserem Partner die Liebe zeigen können. Wenn die Rückenmassage für Ihren Partner ein eindeutiges Ausdrucksmittel der Liebe ist, dann lohnt sich jeder Aufwand für das Erlernen einer gekonnten Massagetechnik.

Die kleinen Zärtlichkeiten des Alltags erfordern nicht allzu viel Zeit, aber Gedanken sollte man sich schon darüber machen, besonders dann, wenn Zärtlichkeiten nicht zu Ihrer eigenen Liebessprache gehören und Sie in einer Familie aufgewachsen sind, in der Zärtlichkeiten nicht gerade gang und gäbe waren. Wenn Sie nebeneinander auf dem Sofa sitzen und Ihren Lieblingsfilm im Fernsehen anschauen, dann können Sie ganz nebenbei durch Zärtlichkeiten Ihre Liebe sprechen lassen. Auch kostet es Sie nur einen Augenblick, Ihrem Partner im Vorübergehen eine freundliche Berührung zu schenken.

Berührungen können eine Beziehung knüpfen oder zerstören. Sie können Hass oder Liebe vermitteln.

Haben Sie erst einmal herausbekommen, dass Zärtlichkeiten zur Liebessprache Ihres Partners gehören, dann können Sie Ihrer Phantasie freien Lauf lassen. Sich neue Zärtlichkeiten und ungewohnte Orte dafür auszudenken, kann Ihre Beziehung spannend machen. Wenn Sie es nicht gewohnt sind, heimlich unter dem Tisch zärtliche Bande zu knüpfen, dann kann ein Versuch beim nächsten Essengehen dem Abend die nötige Würze liefern. Wenn Sie es nicht gewohnt sind, in der Öffentlichkeit Hand in Hand zu gehen, kann ein Spaziergang, bei dem Sie sich an den Händen fassen, ein Liebesbeweis für den Partner sein. Sollten Sie vor Fahrtbeginn im Auto Ihrem Partner normalerweise keinen Kuss geben, dann sollten Sie es einmal ausprobieren. Vielleicht wird dann die Fahrt besonders schön. Eine Umarmung, bevor Ihre Frau zum Einkaufen geht, ist nicht nur ein Zeichen von Zuneigung, sie bringt sie auch wieder schneller nach Hause. Probieren Sie auch einmal ungewohnte Zärtlichkeiten an ungewohnten Orten aus. Achten Sie dabei immer auf die Reaktionen Ihres Partner, ob er etwas gut findet oder nicht. Vergessen Sie nicht: Er hat das letzte Wort. Schließlich wollen Sie ja seine Sprache lernen.

Gerade in Krisenzeiten suchen wir instinktiv die Nähe des andern. Dies tun wir, weil der Körperkontakt immer ein wirkungsvoller Kommunikator der Liebe ist. Wenn wir in Schwierigkeiten stecken, brauchen wir nichts so sehr wie das Gefühl, geliebt zu werden.

In allen Ehen wird es irgendwann Krisen geben. Der Tod der Eltern ist unentrinnbar. Durch Autounfälle werden jedes Jahr Tausende getötet oder zu Krüppeln gemacht. Krankheiten drohen allen, ohne Ansehen der Person. Enttäuschungen sind ein Teil unseres Lebens. Deshalb können Sie auch Ihrem Partner in Zeiten der Krise kaum etwas Besseres tun, als ihm Ihre Liebe zu zeigen. Wenn Ihre Frau Zärtlichkeit als wichtigsten Liebesbeweis versteht, dann ist ihr bei Leid und Schmerz nichts wichtiger als eine trostspendende Umarmung. Ihre Worte mögen wenig bewirken, aber Ihre Berührung wird sie als Liebesbeweis verstehen, und sie wird sich geborgen fühlen. Gerade die Krisen bieten uns Gelegenheit, unsere Liebe unter Beweis zu stellen. Ihre Zärtlichkeit in einer bestimmten Situation wird noch lange im Gedächtnis haften bleiben, auch wenn die Krise längst überwunden ist.

8. Welche Liebes

Welche Muttersprache der Liebe sprechen Sie? Wodurch wird Ihnen am deutlichsten bewusst, dass Ihr Partner Sie liebt? Wonach sehnen Sie sich am meisten? Wenn Ihnen die Antwort nicht spontan einfällt, hilft es vielleicht, umgekehrt zu fragen: Was kränkt Sie ganz besonders am Verhalten Ihres Partners?

Wenn Ihnen z. B. die Kritik des Partners am meisten zu schaffen macht, dann ist wahrscheinlich Lob und Anerkennung Ihre persönliche Liebessprache. Wenn Ihr Partner das Gegenteil von dem tut, was Sie mit Ihrer Liebessprache ersehnen, dann wird es sie besonders verletzen.

sprache spreche ich?

Eine weitere Methode, Ihre eigene Muttersprache der Liebe kennen zu lernen, besteht darin, dass Sie sich einmal überlegen, wie Sie dem Partner gegenüber Ihre Liebe zum Ausdruck bringen. Mit einiger Wahrscheinlichkeit werden Sie genau das für den andern tun, was Sie sich selber wünschen. Wenn Sie für Ihren Partner ständig im Einsatz sind und alles für ihn tun, dann ist möglicherweise Hilfsbereitschaft Ihre Sprache der Liebe. Wenn Sie durch Lob und Anerkennung Liebe erfahren, werden Sie Ihrerseits mit einiger Wahrscheinlichkeit dem Partner verbal Liebe vermitteln wollen. Sie finden also Ihre persönliche Liebessprache, indem Sie sich fragen: „Was tue ich ganz bewusst, um meinem Partner zu zeigen, dass ich ihn liebe?" Denken Sie aber daran, dass dies zwar ein Hinweis auf Ihre Muttersprache der Liebe sein kann. Ein sicherer Indikator ist es jedenfalls nicht. Wenn z. B. ein Mann das Vorbild seines Vaters vor Augen hat, der seiner Frau als Liebesbeweis regelmäßig kleine Geschenke mitgebracht hat und nun aus Gewohnheit dasselbe tut, dann muss das noch lange nicht seiner persönlichen Liebessprache entsprechen. Er verhält sich nur dem Vorbild des Vaters entsprechend.

Sie finden also Ihre persönliche Liebessprache, indem Sie sich fragen: „Was tue ich ganz bewusst, um meinem Partner zu zeigen, dass ich ihn liebe?"

Zwei Arten von Menschen wird es vielleicht trotz alledem schwer fallen, ihre persönliche Liebessprache zu identifizieren. Das sind einmal die Menschen, deren Liebestank gefüllt ist, weil sie auf mannigfache Weise Liebe empfangen. Sie können nicht sagen, wodurch sie die Liebe am deutlichsten erfahren. Sie sind sich einfach gewiss, dass sie geliebt werden. Auf der anderen Seite gibt es die Menschen, deren Liebestank schon so lange leer ist, dass sie gar nicht mehr wissen, was als Liebesbeweis zu ihnen sprechen würde. In beiden Fällen können Sie Ihre Erinnerungen heranziehen.

Überlegen Sie, wie es war, als Sie noch verliebt waren, und fragen Sie sich: „Was habe ich an meinem Partner damals am meisten geschätzt? Was hat er getan und geäußert, dass ich so gern mit ihm zusammen war?" Wenn Sie sich solche Erinnerungen wieder ins Bewusstsein zurückrufen, erhalten Sie doch einige Hinweise darauf, welches Ihre Sprache der Liebe sein könnte. Sie könnten sich aber auch fragen: „Wenn ich den vollkommenen Partner finden könnte, was wären für mich seine wünschenswerten Eigenschaften?" Ihr Bild vom idealen Partner wird Ihnen eine Vorstellung davon vermitteln, welche Liebessprache Sie von Hause aus sprechen.

9. Zur Liebe ent

Wie kann es uns gelingen, die Liebessprache des Partners zu sprechen, wenn die vergangenen Niederlagen in unserer Beziehung nur Schmerz, Zorn und Groll hinterlassen haben? Die Antwort auf diese Frage finden wir nur, wenn wir ein entscheidendes Wesensmerkmal unseres Menschseins berücksichtigen: Wir sind Geschöpfe mit einem freien Willen.

Und das bedeutet, dass wir leider allzu oft Entscheidungen mit schlimmen Folgen treffen. Wir verletzen andere durch Worte und Taten. Und es gibt keinen Grund, auf solche Entscheidungen stolz zu sein, auch wenn sie manchmal in der Situation gerechtfertigt erscheinen mögen. Aber falsche Weichenstellungen sind ja kein unabänderliches Schicksal. Stattdessen können wir sagen: „Es tut mir Leid. Mir ist bewusst, dass ich dich verletzt habe, und ich möchte es in Zukunft anders machen: Ich möchte dich in der Sprache lieben, die du kennst, und mich auf deine Bedürfnisse einstellen." Immer wieder habe ich erlebt, dass Ehen, die kurz vor der Scheidung standen, dadurch gerettet wurden, dass die Beteiligten sich willentlich für die Liebe entschieden haben.

schlossen

Ich entscheide mich täglich neu, das Bedürfnis meines Partners nach Liebe zu stillen. Wenn ich seine persönliche Sprache der Liebe kenne, wird seine Sehnsucht gestillt, und er kann sich geborgen fühlen in meiner Liebe.

Wenn ich mir die Mühe mache und die Liebessprache des Partners lerne und sie auch häufig spreche, dann fühlt er sich immer geliebt. Er empfindet dann die nun abklingende Euphorie des Verliebtseins gar nicht als Verlust, denn der Liebestank bleibt ja gefüllt. Weigere ich mich aber, mich auf die Liebessprache des andern einzustellen, so werden seine Sehnsüchte ungestillt bleiben, sobald er vom Hochgefühl der jungen Liebe hinabsteigt in die Niederungen des Alltagslebens.

Ich entscheide mich täglich neu, das Bedürfnis meiner Frau nach Liebe zu stillen. Wenn ich ihre persönliche Sprache der Liebe kenne, wird ihre Sehnsucht gestillt, und sie wird sich geborgen fühlen können in meiner Liebe. Sofern sie dasselbe für mich tut, werden auch meine Bedürfnisse erfüllt, und wir können beide mit einem gefüllten Liebestank leben. Wer seelisch ausgeglichen ist, kann viel Kraft und Energie in Aktivitäten außerhalb der Ehe stecken, und er führt trotzdem noch eine Ehe, die immer spannend bleibt und an Reife zunimmt.

Was ist, wenn einem die Liebessprache des Partners absolut nicht liegt? Je mehr wir uns zu etwas überwinden müssen, desto eindeutiger ist der Liebesbeweis. Meiner Frau kann ich meine Liebe am besten dadurch beweisen, dass ich für sie etwas erledige. Als Liebesbeweis sauge ich z. B. regelmäßig die Teppiche. Meinen Sie vielleicht, Staubsaugen liegt mir? Jemand erwidert: „Staubsaugen, das geht ja noch. Meine Frau versteht Zärtlichkeiten als Liebesbeweis. Und ich bin gar nicht für Zärtlichkeiten zu haben. Nie habe ich gesehen, dass meine Eltern sich in den Arm nahmen, und auch zu mir waren sie niemals zärtlich. Berührungen liegen mir einfach nicht."

Es geht nicht darum, was uns liegt. Wir sprechen über die Liebe, und die Liebe meint immer den andern. Wir alle tun doch täglich Dinge, die uns nicht besonders liegen. Das Gleiche gilt für die Liebe. Wir entdecken die Muttersprache der Liebe unseres Partners, und wir entscheiden uns, sie zu sprechen, ob sie uns liegt oder nicht. Es behauptet ja niemand, man müsse ein großes Glücksgefühl dabei empfinden. Wir sind einfach nur entschlossen, dem andern etwas Gutes zu tun. Wir wollen, dass das Verlangen des andern gestillt wird, und wir erreichen das, indem wir seine Liebessprache sprechen. Dadurch wird sein Liebestank gefüllt, und mit großer Wahrscheinlichkeit wird er uns für unsere Mühe belohnen und seinerseits unsere Liebessprache sprechen. Damit bekommen wir zurück, was wir emotional investiert haben, und unser Liebestank beginnt sich zu füllen. Wir können uns zur Liebe entschießen, und jeder von uns kann noch heute damit anfangen.

10. Der Lohn der

Mein Selbstwertgefühl wird durch die Tatsache genährt, dass mein Ehepartner mich liebt. Wenn er das tut, muss ich schließlich der Liebe wert sein. Meine Eltern mögen mir negative oder mehrdeutige Botschaften über meinen Wert vermittelt haben. Aber der Partner hat sich eindeutig für mich entschieden.

Seine Liebe sorgt dafür, dass ich mich als wertvoll empfinden kann. Das Verlangen nach Sinn im Leben ist die Antriebskraft für viele unserer Handlungen. Das Leben erhält seinen Antrieb durch den Wunsch nach Erfolg. Wir wollen etwas erreichen im Leben. Jeder bestimmt für sich, was sinngebend für ihn ist, und wir bemühen uns redlich, unsere Ziele zu erreichen. Das Gefühl, vom Partner geliebt zu werden, verstärkt die Gewissheit, sinnvoll zu leben. Wir folgern: „Wenn jemand mich aus freien Stücken liebt, hat mein Leben einen Sinn."

Liebe

Wenn ich mich von meinem Ehepartner geliebt fühle, kann ich mich entspannen, weil ich weiß, dass mein Geliebter mir nichts Böses will. Ich fühle mich geborgen in der Gegenwart des andern.

Wenn mein Partner Zeit, Kraft und Mühe in mich investiert, dann fällt es mir leicht, diesen Sinn zu entdecken. Ohne Liebe vergeude ich vielleicht mein Leben damit, Sinn, Selbstwertgefühl und Sicherheit zu suchen. Erfahre ich aber Liebe, werden all diese Bedürfnisse zu einer positiven Kraft. Ich bin nun befreit, all meine Fähigkeiten zu entfalten. Ich bin mir meines Wertes bewusst und kann mich deshalb meiner Umwelt widmen, statt immer nur krampfhaft auf meine eigenen Bedürfnisse schauen zu müssen. Wahre Liebe befreit immer.

Die Liebe ist nicht die Lösung für alles, aber sie schafft ein Klima der Geborgenheit, in dem es leicht fällt, Antworten auf die uns bewegenden Fragen zu finden. In der Geborgenheit der Liebe kann ein Paar sich auseinandersetzen, ohne dass die Beteiligten befürchten müssten, an den Pranger gestellt zu werden. So können Probleme gelöst werden. Zwei Menschen mit unterschiedlichen Charakteren können es lernen, in Harmonie zusammenzuleben. Wir lernen es, wie wir alle guten Eigenschaften beim andern zur Entfaltung bringen können. Das ist der Lohn der Liebe. Der Entschluss, den Partner zu lieben, setzt ungeahnte Kräfte frei.

11. Liebe in Aktion

Bei den meisten Frauen erwächst der Wunsch nach sexueller Intimität aus dem Gefühl heraus, geliebt und angenommen zu werden. Wenn sie sich geliebt fühlen, wünschen sie sich auch den geschlechtlichen Kontakt. Fühlen sie sich aber nicht geliebt, stellt sich schnell das Unbehagen ein, sexuell ausgenutzt zu werden. Das entspricht unseren natürlichen Instinkten. Sollen Sie nun aber Leidenschaft heucheln?

Es hilft uns vielleicht, wenn wir einen Unterschied machen zwischen der Liebe als Gefühl und der Liebe als Tat. Wenn Sie nur um des lieben Friedens willen Gefühle vorspielen, die Sie in Wirklichkeit nicht haben, dann ist das Heuchelei, und diese Art Kommunikation dient nicht dem Aufbau einer gesunden Beziehung. Wenn es sich aber um einen Liebesbeweis handelt, der dem andern dienen und ihm Freude machen soll, dann ist es eine ehrliche Willensbekundung.

Wenn Sie Gefühle nur um des lieben Friedens willen vorspielen, die Sie in Wirklichkeit nicht haben, dann ist das Heuchelei, und diese Art Kommunikation dient nicht dem Aufbau einer gesunden Beziehung. Wenn es sich aber um einen Liebesbeweis handelt, der dem andern dienen und ihm Freude machen soll, dann ist es eine ehrliche Willensbekundung.

Die Liebe

Vielleicht brauchen auch Sie ein Wunder in Ihrer Ehe. Sagen Sie Ihrem Partner, dass Sie über Ihre Ehe nachgedacht und sich entschlossen haben, sich fortan intensiver dafür einzusetzen, seinen Bedürfnissen entgegenzukommen. Lassen Sie sich Anregungen geben, was Sie besser machen können. Diese Anregungen werden Ihnen ein Hinweis darauf sein, welches seine persönliche Sprache der Liebe ist. Wenn er gar keine Vorschläge macht, dann können Sie davon ausgehen, dass all das, worüber er sich im Laufe der Jahre beklagt hat, etwas mit seiner Liebessprache zu tun hat. Konzentrieren Sie sich ein halbes Jahr lang ganz auf diese Sprache der Liebe. Bitten Sie am Ende eines jeden Monats Ihren Partner, sich über Ihre Fortschritte zu äußern und neue Anregungen zu geben.

wirkt Wunder!

Wenn Ihr Partner zu verstehen gibt, dass er Fortschritte bemerkt, sollten Sie eine Woche warten und dann Ihrerseits eine konkrete Bitte vorbringen. Es sollte etwas sein, was Sie sich wirklich von ihm wünschen. Wenn er sich entschließt, darauf positiv zu reagieren, dann wissen Sie, dass er auf Ihre Bedürfnisse einzugehen beginnt. Sollte er noch nicht reagieren, dann hören Sie nicht auf, ihn durch Taten zu lieben. Vielleicht reagiert er ja einen Monat später schon ganz anders. Sobald Ihr Partner anfängt, Ihre Sprache der Liebe zu sprechen und auf Ihre Anliegen eingeht, stellt sich auch Ihre eigene Zuneigung wieder ein. Dann wird es nicht lange dauern, bis Ihre Ehe vollkommen wiederhergestellt ist.

12. Ein persönliches Wort

Jeder von uns tritt in die Ehe mit seiner eigenen Persönlichkeit und einer individuellen Lebensgeschichte. Jeder hat „sein eigenes Päckchen zu tragen", und das bringt er in die Ehebeziehung mit ein. Wir kommen mit unterschiedlichen Erwartungen, mit unterschiedlichen Methoden, das Leben zu meistern, und mit verschiedenen Vorstellungen darüber, was im Leben letztlich zählt. In einer gesunden Ehe müssen diese Unterschiede aufgearbeitet werden.

Wir müssen nicht in allem übereinstimmen, aber wir müssen einen Weg finden, wie wir mit diesen Unterschieden umgehen, damit sie keinen Keil zwischen uns treiben können. Wenn die Liebestanks leer sind, neigen Paare dazu, sich zu streiten und sich zurückzuziehen. So manches Mal kommt es dann auch noch zu Gewalttätigkeiten – verbal und auch ganz handfest. Ist der Liebestank aber gefüllt, entsteht Geborgenheit. Man versucht sich zu verstehen, man toleriert Unterschiede und bespricht Probleme. Ich bin davon überzeugt, dass nichts in der Ehe die Beziehung so nachhaltig beeinflusst wie die Bereitschaft, das Liebesbedürfnis des andern zu stillen.

Ich träume von dem Tag, da ein entscheidender Impuls von all den glücklichen Paaren zum Nutzen der ganzen Menschheit ausgehen

von Gary Chapman

wird. Dann werden Männer und Frauen ihr Leben mit gefülltem Liebestank führen und all ihr Potential entfalten können. Ich träume davon, dass Kinder in Familien aufwachsen, in denen sie Liebe und Geborgenheit finden. Denn sie werden dann in der Lage sein, all ihre Kraft fürs Lernen und Dienen einzusetzen, statt sie bei der vergeblichen Suche nach der Liebe zu vergeuden. Ich wünsche mir sehr, dass dieser Geschenkband die Flamme der Liebe in Ihrer Ehe und in vielen tausend Ehen entzünden möge.

13. Gedankensplitter

» Ist es schon vorgekommen, dass Sie dem Partner Ihre Liebe zeigen wollten, und er hat keine Notiz davon genommen? Hatten Sie dabei das Gefühl, es geschah mit Absicht, oder war es nur Gedankenlosigkeit? Welche Gründe könnte es haben, dass Ihre Bemühungen nicht gewürdigt wurden?

» Wenn Ihr „Liebestank" leer ist, so ist das, als wollten Sie mit einem Tank ohne Benzin Auto fahren. Was könnten Sie ganz konkret tun, um den „Liebestank" in Ihrer Beziehung gefüllt zu halten?

» Denken Sie an drei gemeinsame Erlebnisse, die Sie und Ihren Partner einander näher gebracht haben. Hatten Sie damals noch richtig viel Zeit füreinander? Planen Sie neue Unternehmungen, die so aufregend sind, dass sie Ihnen lange im Gedächtnis haften bleiben.

der Liebe

» Fallen Ihnen ein paar Dinge ein, die Sie Ihrem Partner geschenkt haben? Womit haben Sie ihm die größte Freude gemacht? Überlegen Sie sich in der kommenden Woche ein paar nette Überraschungen für Ihren Partner. Es müssen keine großen Geschenke sein!

» *Zärtlichkeiten als Sprache der Liebe – von der flüchtigsten Berührung bis zur leidenschaftlichsten Liebkosung – sind ein wirkungsvolles Kommunikationsmittel. Reden Sie mit Ihrem Partner so offen wie möglich darüber, was Ihnen besonders viel Freude macht.*

» *Schauen Sie gemeinsam mit Ihrem Mann oder mit Ihrer Frau einen Monat lang immer wieder auf die „Benzinuhr" Ihrer Beziehung. Wie viel Sprit ist noch im Liebestank? Fragen Sie Ihren Partner, was Sie konkret tun können, um seinen oder ihren Tank neu aufzufüllen. Fahren Sie dann schleunigst die nächste Tankstelle an!*

» *Fallen Ihnen wenigstens drei Dinge ein, mit denen Sie im letzten Monat Ihrem Partner gezeigt haben, wie sehr Sie ihn lieben, wie sehr Sie sein Bestes wollen?*

» *Wahre Liebe gibt mehr, als sie zurückerstattet bekommen will. Womit haben Sie in letzter Zeit dem Partner zeigen wollen, wie sehr sie ihn oder sie lieben? Und was haben Sie als Gegenleistung erwartet? Wenn Sie in der kommenden Woche Liebesbeweise Ihres Partners bekommen, sollten Sie sich fragen, was er als Lohn erwarten könnte.*

» *Schreiben Sie einmal auf, was Sie als Paar aneinander schätzen. Denken Sie in der nächsten Woche öfters mal an die einzelnen Punkte, und machen Sie dem Partner entsprechende Komplimente.*

» *Überlegen Sie, mit welchen unerledigten Aufgaben der Partner Ihnen schon länger in den Ohren liegt, weil Sie absolut keine Lust dazu haben. Überraschen Sie Ihren Mann oder Ihre Frau in nächster Zeit damit, dass Sie ungefragt einiges davon in Angriff nehmen.*

DER BESTSELLER – DAS STANDARDWERK
Gary Chapman, Die fünf Sprachen der Liebe
Gute Nachricht für alle, denen ein Küsschen nicht mehr reicht: Es gibt 5 Wege, dem anderen seine Liebe mitzuteilen. Entdecken Sie Ihre persönliche Sprache der Liebe - Ihre Lieben haben es verdient! 142 Seiten, Paperback, ISBN 3-86122-126-8, Best.Nr.: 330 126

... UND UNZÄHLIGE HABEN WELTWEIT DAVON PROFITIERT:

„... muss man gelesen haben!
Seit mein Mann und ich dieses Buch gelesen haben, sprudeln wir förmlich vor (neuem) Glück; und das ist keineswegs übertrieben. Gary Chapman hat es geschafft, das Buch so interessant und spannend zu schreiben, dass man gar nicht mehr aufhören mag zu lesen. Gerade die von ihm aufgezeigten Beispiele haben uns die Hoffnung gegeben, dass es funktionieren kann - wenn man(n)/frau nur will!"

„Bestes Ehebuch, das ich kenne
Endlich ein Ehebuch, das auch Ehepartnern, die sich auseinandergelebt haben, neue Hoffnung geben kann!!! Beim Lesen dieses Buches fragt man sich: Warum hat mir bisher niemand etwas über die verschiedenen Liebessprachen gesagt? Eine scheinbar bisher unentdeckte Erkenntnis, aber total einleuchtend! Das Buch ist durch die vielen Erfahrungsberichte anderer Paare sehr interessant zu lesen. Danach ist die Umsetzung in die Praxis angesagt! Wenn jedes Paar sich mit den fünf verschiedenen Liebessprachen beschäftigen würde, könnten wahrscheinlich unzählige Scheidungen verhindert werden!"